フィリス・A・ティックル著　屋代通子訳

強欲の宗教史

築地書館

Greed The Seven Deadly Sins
by Phyllis A.Tickle

This translation published by arrangement with Oxford University Press

Translated by Michiko Yashiro
Published in Japan by Tsukiji Shokan Publishing Co., Ltd.

ケイト、ＤＣ、そしてブライアン、
ウェイド、ベン、みんな、

この世にあらたな生を受けた者たち

彼らの時代が、聖なる想像の時となりますように

もくじ

本書は、ニューヨーク公共図書館とオックスフォード大学出版局による
キリスト教「7つの大罪」についての公演企画のうち、『強欲』の翻訳版である。

プロローグ

あらゆる文化に根をおろす宗教

業界紙の宗教担当記者というのは、驚くなかれ、かなり少数派なのだが、コマーシャリズムに応用される宗教を研究する立場になる。

その観点からすると、宗教は人類の歴史を貫通して意味の連鎖をつなぐ綱か索のようなもので、人間社会がはじまって以来、さまざまな形態をとりながら、あらゆる文化、裏文化に根をおろしているものだ。しっかりした綱や索の例にもれず、この綱も細い綱がより合わさってできている。

宗教の場合、細い綱は三本ある。霊性と実体と、そして徳性だ。この三つはより大きな全体像をつくる部分なので、ひとつに束ねてその社会で共有されている想像力という筒に収められ、さらにその外側の莢《さや》ないし鞘《さや》によって守られている。このさやを、わたしたちは一般に物語と呼んでいる。

歴史的に見ると、意味の綱、つまり宗教の綱は、何十年、時には何世紀にもわたって社会や人々をあるべき場所につなぎとめる役割を果たす。やがて文化変革や何か大きな出来事があって物語が破綻し、想像力に傷がつく。

そうやって、より糸を外界から遮断し、守っているさやが裂けてしまうと、なかの三本のより糸は白日のもとにさらされる。より合わさっているとはいえ、もともとはばらばらの三本だ。

こうなると、それまでより糸を大切にしてきた社会は、一本一本をより分けてさやから取り出し、満足のいくまでつつきまわしてその意味を調べ、もう一度さやのなかに戻すという作業を一からやり直すことになる。一見もとどおりに見えても、作業の前と後とでは三本の位置づけはけっして同じというわけにはいかない。

そうやって三本を吟味し終え、破れ目のできたさやも再び結合した三本の綱のまわりにもとどおり繕い合わされると、索は新品同様に新しくなって、またしばらくおつとめを果たすことができるようになるのだ。

大学生くらいになれば、さやがむしりとられてわたしたちの先祖が物語を解釈し直し、繕い直し、もう一度索をつくり直さなければならなかった出来事の例をひとつやふたつは挙げることができるだろう。

たとえばバビロン捕囚は、多くの宗教にとって軸となる出来事ではあったけれども、とりわけユダヤ教にとって、まさに意味の問い直しを迫る出来事だった。

欧米人にとってもっと重要なのは、なんといってもルネサンスと宗教改革、それに啓蒙主義の時代だろう。いずれもユダヤ＝キリスト教の物語に異議を唱え、西洋人に綱の意味の問い直しを迫るものだった。

　だが現代の読者には、宗教の物語のさやを裂き、中身をあらわにすることはけっして記憶のなかだけの学術的な歴史論議ではない。いま現に、生々しく体験されている出来事なのだ。

　西側諸国、なかでも特にアメリカ合衆国にとって、二〇世紀、ことにその後半は、宗教改革の当時に匹敵するような時代だった。宗教の意味を引き裂き、並べ替え、あらたに形づくろうとする営みは、いまも続いているといえるだろう。

　ひもといてみれば――


　一九〇六年、アルベルト・シュバイツァーが苦悩しながらもキリストとは紀元一世紀にナザレにいたイエスだけではないのではないか、と叫んだことや、同じ年、ロサンゼルスのアズサ・ストリートに集まっていた信者たちに精霊が降臨したこと。

一九三五年、断酒会（ＡＡ）が設立され、自助グループによる集団療法と、特定の教義にはよらずに、ハイアーパワーへの崇敬を通じて大成功を収めたことや、考古学の発達と運命の気まぐれによってナグ・ハマディやクムランで、わたしたちがそれまで当然と考えていた物語に別の角度から光を当てる文書が発見されたこと。

第二次世界大戦のおり、ホロコーストによってヨーロッパでも屈指の知性を持つすぐれたユダヤ人たちが大挙してアメリカに渡り、勝利の導き手となったあと、市民として受け入れられたことや、一九六五年、移民法が改正されてアジア系の人々（何世紀も前から、外の世界を生きるのと同じくらいごく自然に、内面的な精神世界を生きてきた人々だ）が久方ぶりにアメリカ社会に加わり、精神的な面ではごく新参のアメリカ人に、彼らの深い内面性を持ち込んだこと。

抗生物質の発見と類を見ないほどの医学の進歩や、都市化の進行と移動手段の発達によって核家族までもが分断されはじめたこと。

ビッグバンと外宇宙の探索や、カオス理論の科学。

ラジオの発明や安価な印刷物の普及にはじまり、インターネットの発達で大衆文化が広まって、情報が平等にいきわたるようになったこと。

霊性と実体

数え上げればまだまだ二〇やそこらはありそうだが、西洋文明はこうしたいくつもの激しい変化と転換点を経験し、宗教という物語のさやが、内張りもろとも取り払われ、中身がむき出しになる状況にいたったのだ。そして西洋社会は、何十年ものあいだ確固としてそこにあったけれども、その実、休眠状態に陥っていた綱の意味を、二一世紀も引き続いて探ることになったのだ。

アメリカ人は、信じている宗教や文化は種々雑多だが、ひとつの政治体制のもとにまとまっているので、二〇世紀のあいだにまず解明に取り組んだのは、霊性の綱だった。

ＡＡが多くの成人アメリカ人に精神世界について教え、仏教や科学によって精神世界を旅する地図が示されたことで、わたしたちは霊性についてはある程度親しみをおぼえるようになり、その気になれば探索を止められる地点まで来ている。

霊的な世界に対して抱いていた無垢な部分が成熟し、これから先も、当分のあいだは持ちこたえてくれるように、霊性の綱をさやのなかのしかるべき位置に戻してもいい頃だと思いはじめている。

その結果、霊性は一〇〇年前よりはわたしたちのなかで当たり前に受け入れられるようになったけれども、たとえば三〇年前ほど流行りの考えではなくなっている。

二〇世紀に、わたしたちがその次に取り上げて意味を吟味しはじめた綱は、実体だった。

実体とは宗教に関してはっきりと目に触れるもの、形になっているものをすべて含む、非常に広い言葉だ。宗教にかかわる土地や建物、聖職者、指示系統や聖職の階級、学び、清める制度、規律、信徒になるための条件、法的位置づけ、予算などなどがこれにあたる。

北米の人間ならたいてい知っているとおり、一九六〇年代に教会の現代化を協議した第二回バチカン会議から今日までのおよそ四〇年は、中世の基準からすれば改革に次ぐ改革のお祭り騒ぎだった。

教会一致運動、聖体拝領誦の共有、賛美歌や祈祷書の改訂、世界会議に国内会議に国際会議、女性を、そして最近では同性愛者を聖職に叙階すること、統合や謝罪、教会と国家の関係と、そこからくる教理の決定、多額の政治資金を提供し、発言力を持つこと、教会の権威を利用して国際紛争に介入すること、平信徒が教会の権威と権力を握ったこと、ペンテコステ派の興隆――と、並べてみればきりがないが、いずれをとってみても、宗教改革から続いた不和と分派主義の五〇〇年間を自然に収束させようとする物語に近いものがある。現に収束を見たのかもしれない。

もちろん実体の綱の吟味は終わったわけではない。だが霊性の綱をもとのさやに収めたように、実体の綱も、ほつれた糸やらはしくれやらをなでつけながら、さやに収めはじめていると言っていいだろう。

すると残るのは徳性の綱だ。宗教の三本の綱のなかでわたしたちがもっとも恐れているもの、わたしたちがいま、ようやく丹念に点検しようと持ち上げたばかりの綱である。徳性の綱に目を向けはじめたのが何しろごく最近のことなので、この先の四半世紀に問題となってくるような項目を挙げることすら、まだできていないのだ。

宗教における徳性

徳性は、私的な領域でも公の場であっても、人の品行に影響し、行動を規制する。そのために宗教の三本の綱のなかではもっとも硬直していて、もっとも俗化されやすい。だから徳性が、宗教以外の行動体系や価値観と結びついたり、宗教という物語から滑り出てほかの価値体系と手を結んだりすると、宗教上の特性というよりは、行動規範とか価値基準とか、あるいは二〇世紀的用語でいえば、「状況倫理」と呼ぶほうがふさわしいものになってしまう。

言い換えると、行動規範も価値体系も状況倫理もすべて徳性の問題であることは間違いないけれども、それがほかの要素にどのくらい侵されているかに応じて、宗教上の意味よりは、政治的意味、哲学的意味、はては功利的意味を帯びるようになる。昔ながらの言いまわしを借りれば、単なる道具立てとなるわけだ。

ベトナム戦争、そして離婚や中絶、ジェンダーといったアメリカの今日的問題をきっかけとして、わたしたちが宗教の一特性である徳性を考え直さなければならなくなったといえば、たしかにそうかもしれないが、これから先わたしたちが真に向き合わねばならない問題のほうがはるかに甚大だ。

ことに、科学や医学、神学、哲学の領域で人間の知的活動や精神構造の探求がいままでになく緻密に進められ、人間の意識の進化にまでメスが入れられようとしているいま、わたしたちは人間の責任とは何か、人間をいかに教育するのか、社会をどのようにつくり、営んでいくのか、さらには人間が操作されるかもしれないという問題にまで立ち向かっていかなければならないが、そうしたことにこれまで知的な意味での指針などは存在しなかったし、社会全体が同じ全体像を描くところまでもいっていない。

アメリカ人の多くは、この問題の大波がもう水平線のあたりまで滔々《とうとう》と押し寄せてきていることに気づいている。

毎日意識して考えているかどうかはともかく、少なくともこの二〇年ほどは、囁くほどの小さな声かもしれないが、わたしたちの頭のなかにはこの問題に付随するさまざまな疑問が渦巻いてきたのだ。

そして文明的な市民として生き延びるために、手がかり足がかりとなるような作業の一部には、すでに手がつけられはじめている。

たとえば集団の徳性というものは、必然的に市民ひとりひとりの個人的な徳性に根ざしているのかもしれないと想像し、おそるおそるではあるけれども、認めようとしていること。

個人個人の徳性は、古代イスラエルや現代イスラムの国々、あるいは宗教改革以前のヨーロッパなどといった神権国家に限らず、民主国家たるアメリカの大多数にとっても宗教上の問題である、と考えてみること。わたしたちは互いの宗教では一致しないかもしれないが、一〇人のうち九人までが、何らかの宗教体系に依存するのを認めているのだから。

さらには、宗教が、それ自体は徳性の基盤ではないとしても、何が徳性であり何がそうでないかを決定づけるリトマス紙の役割をしていることについては、おおよそ一致して認めているようだ。

「罪」へのこだわり

こうした思いの経過をたどっていくのはとても繊細な作業でその歩みは遅々たるものだが、行きつ戻りつすることなくむしろ直線的に、徳性に関して、ある考え方にたどり着く。それは一般の人々のあいだで次第に大きくなる考え方で、徳性とは何かというよりも、どうして徳性を破るようになるかということだ。

ポップカルチャーのレベルで言うと、文化的な文脈のあちこちに、最近再び「罪」という言葉が使われだしたのがその何よりの証拠だ。「罪」という名前のポップス・グループ、「罪」という語を含む言葉遊び、「罪」と名づけられたゲームが人気を博すること、「罪」をテーマにしたウェブサイトの数々、あるいはライアル・ワトソンの『ダーク・ネイチャー――悪の博物誌（Dark Nature: A Natural History of Evil)』やジョン・ポートマンの

『罪の擁護（In Defense of Sin）』といった著作などなど。

こうした事象を見るにつけ、アメリカ人が以前にもまして罪にこだわりを見せるようになったことは概念としてはうかがえるが、わたしの知る限りそうした視点からの長期にわたる研究はこれまで試みられたことはなかったし、論理的に成り立った研究もなかった。だが、オックスフォード大学出版局とニューヨーク公共図書館とが二〇〇二年から二〇〇三年にかけての連続講演で「七つの大罪」を取り上げたことは、悪についての関心が高まっていることのもうひとつの証左に思える。

また、いかにも明白なことであり、のちに掘り下げたいと考えている点なのでごく簡単に触れておくが、終末論の流行《はや》る時代に罪への関心が高まるのはごく当然で、歴史的にもしばしば見られる状態である。もちろんだからといってわたしたちが現在、罪に心を奪われている事実の意味や実態が損なわれるわけではない。

わたしたちの意識のなかに「罪」がどんどん大きな位置を占めてきているとしても、肝心なのは、罪に関する議論が結局は罪を犯す理由やその背景にある考え、罪の構造の性質、さらには罪をいかに利用するか、という方向へ進んでいくということだ。

わたしのなかに根づいているキリスト教文化に導かれ、わたしの思考もそうした経過をたどり、時には滑稽としか言いようがないくらいに魅了されて、細部にまで思いをめぐらした。

というのも、人間の一生に存在する悪徳について、信仰によりそれぞれ考え方の違いはあるにしても、そもそも悪徳をどう見るか、あるいは精神や魂が善なるものを目指していく過程で、悪徳が果たす役割をどの程度にとらえるかは、かなりの幅で違いがあるのだ。もっとも顕著な違いは、さもありなん、東方の宗教と、この数千年のあいだ中東や西洋で栄えてきた宗教とのあいだに見られる。アブラハムの砂漠の信仰は邪悪の神学と宇宙観を生んだが、土地が肥沃で人口も多いアジアの伝統は、徳の哲学や神学を形成するほうに、はるかに大きなエネルギーを注いだのだ。

アジアの信仰では、謙遜、慈善、誠実に力点が置かれ、それは徳を実現するのに「障壁」となる罪をかわし、克服するために必要な道具であると教えられる。たとえばブッダは、貪欲や憎悪、惑いといったものを正しい生き方をする上での障害物であるととらえ、「三つの毒」と呼んだ。

一方アブラハムの息子たちは、罪を媒介物ととらえた。もっと限定的にいえば、ヘンリー・フェアリーが言うところの「構造としての罪」はキリスト教だけの考え方で、キリスト教ほど罪を実体化し、潤色した宗教は世界でほかに例がない。

七つの道連れ

キリスト教徒であれ、アブラハム系のほかの宗教の信者であれ、あるいはまったく別の系統の信徒か、はたまた無神論者であれ、人間に普遍的な特質というものの存在は認めざるを得ないだろう。

人類という動物を構成し、生きるためにこの動物に供えられたものは肉体と意識だけでなく、もうひとつ内面に離れがたい道連れを伴っているらしいことを、わたしたちはひとり残らず、告白しなければならない――その道連れは、歴史のなかでしばしば、「悪魔」と呼びならわされてきた。

わたしたちの内なる道連れにこの言葉をあてるのは語源的には正しいかもしれないが、いまとなっては必ずしもそうはいえない。ユダヤ教やキリスト教圏の作家たちがごく最近まで用いた場合は、demon はまぎれもなく邪悪や破壊を意味したが、実のところこの道連れはわたしたちを破壊に導くばかりでなく、よりよきあり方へと押し出してくれる場合もあるからだ。

実際、もしこの道連れがいなくても、この道連れゆえに死すべく運命づけられる場合と変わらずに、わたしたちは死んでしまうだろう。

目には見えないわたしたちの道連れは、通常七つあるとされる。仏教徒はこれら七つの道連れの煩悩を克服して無我の境地にいたろうとし、一方キリスト教徒はこれらの難題を第二の死と見て、救済を求める。

だが人類が気の遠くなるほど長きにわたって苦闘してきたにもかかわらず、また、あらゆる信仰がさまざまな注釈を施してきたにもかかわらず、あらたに人類の子孫が誕生するたびに、七つの罪は人間たちのなかに何度でも入り込んでくる。そしてあらたな人類の子どもたちとともに、彼らと共生しているわたしたちも、徳から悪徳へと瞬くうちに姿を変えるカメレオンさながらの七つの「罪」と、もう一度デリケートな戦いをはじめなければならないのだ。

魅惑に満ちた七つの道連れがいなければ、人類は休むことも食べることも生むこともつくることも望みを抱くこともできない。と同時に、この道連れがいなければ、ドラッグにおぼれたり、必要以上にむさぼり食ったり、エイズに苦しめられたりすることもなかっただろうし、人をあやめたり盗んだり嘘をついたりすることもないだろう。

言い換えるとわたしたちは、この道連れがいなければ人間とはいえないのだ。なぜならわたしたちは、勇気、信念、不屈、愛、希望、分別、そして正義という美徳と、それと対をなす、高慢、嫉妬、憤怒、色欲、怠惰、暴食、そして貪欲という悪徳とのあいだを行き来する振り子であり、振り子の振れによって支えられる均衡の、道具にすぎないからだ。

七つの大罪と「強欲」

西側社会でもっとも優勢な宗教体系であるキリスト教は、この七つの道連れを七つの大罪と呼んで、ガリラヤの地でその伝道がはじまったときから持ち続けてきた。

美徳が罪と入れ替わりうるのは、なにもキリスト教の専売特許ではない。

ただキリスト教においては、人間性の構成要素として何が普遍的なのかということと、そうした人間性の発露として必ずしもしなくていい行動との境目があいまいになっており、世界のほかの宗教とくらべて、きわめてあか抜けない。とはいえ、宗教の体系によって徳と悪徳とが融合されているにせよ区別されているにせよ、貪欲（強欲）が七つのうちの女主人であることは、ヒンドゥー教からキリスト教まであらゆる体系で一致している。とりわけヒンドゥー教では、貪欲こそ物事のきっかけになると考えている。『マハーバーラタ』シャーンティ・パルヴァンのセクション158にはこうある。

ユディシュティラは言った。バーラタの雄牛よ、わたしは罪が発し、安息する源について、詳しく聞きたいと欲する。

ビーシュマは言った。聞くがよい、王よ、罪の根源が何であるかを。執拗に何かを欲する貪欲な心は、それだけで美徳と善を大いに破壊する。貪欲さから罪が発するのである。貪欲さを源に、罪と不敬が生じ、大いなる災いが生まれる。貪欲さは、この世のあらゆる狡猾と偽善の源泉でもある。人に罪を犯させるのは貪欲な心である。……判断を失うのも、欺きも傲慢も横柄さも悪意も、復讐心も、繁栄を失うことも、善行を忘れるのも、不安も破廉恥も、すべて貪欲から生まれる。吝嗇《りんしょく》も強欲も、あらゆる不道徳な行為を欲するのも、生まれを、育ちを、美しさを、富を鼻にかけるのも、生きとし生ける物を憐れまないのも、あらゆるものに悪心を抱くのも、あらゆるものに不信を抱き、あらゆるものに不実を働き、他人の財を盗むことも……すべてこれは貪欲から発しているのである。

だが、貪欲をこのように理解している宗教はヒンドゥーだけではもちろんない。仏教は本質的に、欲望や欲望につながる心の動き――「貪欲」「羨望」「強欲」「切望」といった言葉で表される――を訓練によって忌むところに成り立っている。

そこでヴィスッディ・マッガ（清浄道論）は仏教徒にも非仏教徒にも等しく、明快に忠告している。

貪欲はただのごみではない、穢れである
貪欲はまことの穢れを示す言葉である
穢れをふるい落とした者こそ賢明である
そして穢れなき信仰のうちに生きるのである

道教の書物『タオ・テ・チン（道徳経）』には「貪欲にふけるほど大きな不幸はない」とあり、シーク教の精神的支柱であり、生活の指針でもある聖典『グル・グラント・サーヒブ』別名『アディー・グラント』にも、問いかけの形で同じことが書かれている。

「貪欲のあるところ、愛は存在しうるだろうか？」

ユダヤ教では、モーゼがシナイ山で十戒を授かるずっと前から、ノアの七つの法――ミシュパシムがあった。これは旧約聖書創世記の最初の一一の章で、何か事件が起こるたびにひとつひとつ授けられていった。

ノアの七法は、シナイ山での出来事が起こるまで、ユダヤ教を統制する主たる原則であり、その内容はユダヤ教初期のモラルと宗教の考え方にも表れている。のちのモーゼの十戒のうちの九つと同じように、すべからずという罪の言葉で書かれている。

聖書に現れる順序でいくと、第一の罪は神への冒涜、二番目は偶像崇拝、三番目が盗み、四番目は殺人、五番目は不義密通、六番目が偽りの証言、あるいは裁判での偽証、最後が生きている動物からとった肉を食べること、となっている。

ラビの多くは、このうちで盗みがもっとも大きな罪であると説いた。なぜならほかの罪はすべて、盗みに付随するからだ。不義密通とは他人の伴侶を盗むことであり、神への冒涜は、神の名を人間の目的のために盗むこと、殺人は人の命を盗むこと……という具合に。そして盗みは、貪欲、欲望に端を発する。

このようにしてユダヤ教は、われらが貪欲の第二の天性をあぶりだしている——現在も過去もどこにでも顔を出すという特質に加え、貪欲は冗長なのである。

冗長さの第一番目は類義語の多さだ。根が欲張りだから仕方ないのかもしれないが、貪欲の仲間には、「欲しがり」「強欲」「貪る」「欲深」といった比較的ストレートな表現から、「貧窮」だの「聖物売買」といった比喩的表現まである。「聖物売買」はもっとも最近(一一七五年)序列に加えられた表現で、貪欲さの度合いはトップクラスと言っていいだろう。実際「貪欲」は、どのように表現するにせよ、ほかのすべての罪の母であり、鋳型であり、根っこであり、伴侶である。罪の一族を率いるこの女族長に、わたしたちはいま着目しようとしているのである。

強欲の宗教史

強欲という名の伝染病

貪欲は七つの大罪のうちのたったひとつだが、それと同じく貪欲に関するわたしのエッセイも、七部作のうちの一篇にすぎない。

二〇〇二年の一〇月にニューヨーク公共図書館で行った講演を膨らませたもので、この講演は、ニューヨーク公共図書館がオックスフォード大学出版局と共同で毎年提供している連続講演のひとつだった。

二〇〇二年の連続講演のテーマを七つの大罪にすることは、その二年ほど前、二〇〇〇年の末に決まった。

なぜわざわざこんなことを言うかといえば、二〇〇二年という時期にマンハッタンのど真ん中で貪欲をテーマに話したがるほど大胆不敵な人間など、自分自身はもとよりひとりも思いつかないからだ。けれども二〇〇〇年なら、連邦準備制度理事会のグリーンスパン議長が「貪欲という名の伝染病」がアメリカ人の国民病だと言い出す前のまだ平穏だった時代なら、わたしにもこのテーマはごく理にかなって、おもしろいと思えたものだ。

要するに、講演の準備をしていた数カ月のあいだ、さらにはそれをもとにこの文章をまとめていたあいだ、色欲やアメリカ人の昔からの友だちである暴食のように、もっと社会から受け入れられやすい罪の担当になりたかった、と思った瞬間が何度もあったわけだ。けれども賽は投げられ、ルビコン川は渡られてしまったのだ。貪欲がわたしの手元に残るのは、宿命なのだ。

実をいえば金融界でスキャンダルに次ぐスキャンダルが暴露された二〇〇一年の秋以

降、ただでさえこの問題に取り組むのに腰が引けていたわたしは、すっかり貪欲に嫌気がさし、うんざりしてしまって、いい言葉が見つからないのだが、ある意味無関心になっていたのだった。それをいえば、アメリカ人の成人層の多くが同じ気持ちだったと思う。だが貪欲に関する限り、無関心になるのは愚かな態度だ。

そこでわたしは、自分の、そして聴衆や読者になる人たちの辟易した気分に活を入れ、頭をすっきりさせるには、二〇〇二年の新聞の見出しやニュースの文句に引きずられるのでなく、歴史という長い視点から貪欲について考えればいいのではないかと、何とか手遅れになる前に思いいたったのだった。それがきっといい意味での——そしてひょっとしたらちょっとは楽しい——変化になるに違いない。また、教訓としてではなく、画像的に貪欲の問題を考えてみればきっとうまくいくのでは。

「罪」を表現するふたつの方法

こういうアプローチを選ぶことには、もうひとつ現実的な動機があった。

罪というのはどのような形であれ、はかなくつかみどころがないものなので、表現をしようとするとどうしても抽象的になるか実在として表すかになる。

抽象的に表現する場合、罪の話は実体よりむしろ理論になりがちだが、実体を示そうとすると、人間の対話に持ち込むには伝達手段としての画像のようなものが不可欠だ。

過去二〇〇〇年にわたって、罪はこの両方の視点からとらえられてきた。けれども最後に残るのはいつだって画像のほうだ。理論よりもずっと楽しいということもあるけれども、情報量も多いからだ。特に読者として読む場合、講演をただ聴くだけよりも画像がおおいに役立つだろう。

ところで、貪欲の問題を画像的に考えようとしたのはいいが、この方法には少なくともひとつ、大きな危険が伴う。芸術は、いかなる状況にあろうとも信義より説得力があり、なおかつ巧妙にわたしたちの心を征服してしまうということだ。つまりわたしとしては、過去二〇〇〇年の歴史の解釈をとりあえず受け入れた上で、なおかつ自分の立場を、いわゆる批判的公平性をもってオープンにしなければならないわけだ。これは本質的に対話ではなく、独白なのだから。

時代の区分方法

業界紙で一〇年宗教担当記者をしてきたことで、わたしは多くを学んだ。もちろん、眉唾な話も大して重要と思えない話もあったが、そのなかでひとつ、貴重な考え方に負けず劣らずわたしを感服させた考えがあった。

西暦紀元を時代ごとに区分することができるのは誰もが知っているとおりだが、一般には一〇あまりの年代に分けられることが多い――中世前期、中世後期、啓蒙主義の時代、などなどだ。だがそうした分類やら区分をまたいで、さまざまな時代をその感受性によってもっと大きく区分する考え方があって、その場合、キリスト誕生以降の二〇〇〇年は三つの時代、もっと正確にいえば二つプラスおまけに分けることができるのだ。

前半はだいたい一五〇〇年くらい（正確にここが分岐点ということは難しい）、あとの四〇〇年プラスアルファが後半部分だ。おまけというのは現代のことで、わたしが感服したのはその部分である。

この時代区分でいう前半部分は宗教的想像の時代、後半は非宗教的ないし世俗的想像の時代だ。

ただ、聖と俗で色分けするのはこの先しばらくはまだ有効かもしれないが、わたしに言わせればあいまいで、正確さを欠いている。むしろ前半の一五〇〇年は体で想像力を働かせる時代であり、後半の四〇〇年プラスは頭で想像力を働かせる時代である、と分けたほうがよりわかりやすいと思う。

想像力というものを、何かを伝える感受性であるとか、ある特定の時代の関心の中心であるとした場合、プラスアルファの部分は、すでにお察しかもしれないが、霊的想像の時代になっていくだろう。であるならば、西暦紀元のあいだ、貪欲という概念が現代にいたるまでどう見られていたかを考えるためには、それぞれの時代や時代と時代の継ぎ目にあたる時期からひとつかふたつ画像を借りてきて、大いなる時の歩みのなかで、貪欲がわたしたちについて、そして彼女自身について何を語ってくれるかを探ってみればいい。

金を愛する心＝邪悪の根源

キリスト教徒第一号であるパウロは、西暦紀元に入る時期の代表格で、キリスト教徒としてはじめて貪欲について語った人物だ。

「ラディクス・オムニウム・マロルム・アヴァリシア」

聖パウロは貪欲についてこう書いた。わたしたちはこれを「金を愛する心はすべての邪悪の根源である」とへたくそに訳しているが、パウロがこう述べたのは自分だけの考えではなかったはずだ。

　使徒たちが教義をまとめるより早く、キリストの福音書では富、特に個人の所有する富について繰り返し語られている。キリストの道にならおうとするならば、自分が持っている物をすべて売り払い、貧しい者に分け与えなさい、そうすることで神の王国における自分の居場所を手に入れることができるのです、と。

　この言いつけを守るのは容易なことではないが、パウロ以前の少なくとも二世紀のあいだ、それは信者としての理想像だったし、いまもキリスト者としての理想であり続けている。

　修道院生活での禁欲主義の基盤として、みずから望んだ清貧を生きるのは、キリスト者としての同胞愛《カリタス》に生き続ける聖なる道かもしれないが、修道士でない信者には閉ざされた道でもある。キリスト教の信者たちは、清貧を貫けない理由を仕方ないと思うにしろ、何か別の名誉ある責任を果たすことで紛らそうとするにしろ、あるいはもっと自分流の解釈を試みるにしろ、あるいは自分の不徳の致すところだと考えるにしろ、いずれにしても、自分は貪欲な人間だから完全なキリスト者――たいていの場合アッシジの聖フランチェスコがその代表例だ——にはなりえないのだ、といやがうえにも思わされてしまうのである。

ここでいえるのは、キリスト教化された文化のなかにいるわたしたちが、貪欲について常に相克していることであり、貪欲の女神はそれゆえにわたしたちを愛でるのだ。なぜなら罪にとってもウィルスにとっても、宿主に相克が起こっているのはすこぶる望ましい状態で、貪欲の女神はその事実を、人間たちよりはるかに抜け目なく察しているからである。

もっとも普遍的な罪　強欲

「ラディクス・オムニウム・マロルム・アヴァリシア」をどう訳すかはともかく、この言葉のもとになったイメージは、ほぼ一五世紀まで、ヨーロッパ全土の教会の壁画やフレスコ画にあふれるほどに描かれた。だがいま注目したいのはそのような視覚化ではない。

むしろパウロが用いたラテン語の文そのものに目を向けてみたい。

アヴァリシア、つまり貪欲を諸悪の根源とした使徒の言葉を、草創期の教会はそのまま受け取ったかもしれないが、教会自体が発展していくにつれ、パウロの言葉は真面目な神学上の教えである一方、一種のユーモアをもって考えられるようになっていく。特に四世紀、五世紀、崩壊しつつあったローマ帝国の腐敗が救いがたいものになっていくと、敬虔なキリスト教徒たちはパウロのラテン語を上手に配置して、政治風刺漫画風アクロスティックに仕立てるようになったのだ。

Radix（根源）
Omnium（すべての）
Malorum（邪悪）
Avaritia（貪欲）

（語頭を並べるとROMAになる──こうした詩形をアクロスティックという）

西暦紀元のあいだ、貪欲はほかの大罪にくらべて、こうした言葉遊びや戯画にされることが多かった。それは何より貪欲という罪が、もっとも社会性があり、そのためにもっとも政治的になりうる罪だからだ。

加えて貪欲がもっとも普遍的にどこにでも登場するため、自分たちが他者の注意を引かないように、できるだけすばやく社会の関心を横に逸らしたい、と思う人間が大勢いるのだろう。なぜなら注目を浴びてしまうと、自分もまた貪欲病に感染していると疑われかねないからだ。よくできた落書きは、貪欲病にかかっているかどうか調べてやろうとする視線を欺くのにうってつけなのだ。

だがパウロの応用はこの辺で切り上げ、今度は三五〇年ほど時代を下って、体で想像をする王国から、アウレリウス・クレメンス・プルデンティウスなるブリトン人の創造した『プシコマキア（Psychomachia）』を考察してみることとしよう。

魂のための戦い

タイトルを直訳すると「魂の戦い」ないし「魂のための戦い」となる。叙事詩的な寓意詩で、プルデンティウスがこれを書いたといわれる西暦四〇五年頃から、体で想像する時代が終焉する一五世紀頃まで、おおいに人気を博した。

パウロは貪欲＝諸悪の根源説を唱えただけでなく、そもそものはじめから、キリスト教徒にとっての聖なる人生は、聖なる戦いであると提唱していた。信念を、真実を、正義を、平和の福音を、救済を、そして聖霊の御言葉を武器として、邪悪なる者が放つ矢の炎を消し去り、パウロの言う「いまのこの暗黒」をもたらしている王国と宇宙の力との戦いを遂行しなければならない。

プルデンティウスはただ、パウロのこの発想を借り、肉づけしただけだ。

種を明かせばプルデンティウスには、肉づけした作品を完成させるためのよき仲間も手助けも十分すぎるほどにあったのだ。

信者は武器を持った戦士であり、この世は闘士たちの腕試しの場だというパウロの考えはたちまちのうちに審美主義の基礎となり、キリスト教はじまって以来の一五〇〇年のあいだ、西洋の芸術、思想、神学の第一原則となっていたのだ。

たとえば二世紀後半アフリカ生まれの神学者テルトゥリアヌス（一六〇頃―二二五頃）は、初期キリスト教会でもっとも影響力のあった著述家のひとりだ。成人してから改宗しているので、その知識は幅広い。

彼の著作は、ごくごく控えめに言っても、成人改宗者らしい情熱と確信に満ち満ちている。

また彼は伝道にも努め、自分が捨ててきた異教の害悪について社会に広める道徳者としても活躍した。この分野でのもっともすぐれた著作は『見世物について（De Spectaculis）』で、タイトルが示すとおり、ローマのさまざまな「見世物」――闘技会やサーカス、芝居、スポーツ競技などなど――を延々と批判している内容だ。

テルトゥリアヌスは『見世物について』で熱心に、また力強く、キリスト教徒にもっとふさわしいスペクタクルは、美徳と悪徳との戦いであると説いている。たとえば純潔と不貞、信仰と背信といった具合に。テルトゥリアヌスにはその気はなかっただろうが、結果として彼が、パウロの精神の戦いという考えに長い長い息を吹き込んだのだ。彼が忌み嫌う快楽的な闘技会を、鮮やかに、生き生きと、かつ醜悪に描き出すことによって。

かつてあった格言が、こうしてたまたま形象的に表されることになったわけだが、これがひとつの伝統となり、つぎつぎと後継を生み出していくことになる。今度はそちらに目を向けてみよう。

強欲の擬人化

『プシコマキア』には究極の戦いが七つ描かれている。

七つの大罪がそれぞれ人格化され、人間は罪の手先か戦い、つまりありとあらゆる血なまぐさい殺戮のあとの賞品になっている。

プルデンティウスは罪を視覚化するために擬人的に表したが、実はこれが、西洋文学においてはじめて擬人法が寓意に用いられた例なのである。

寓意に擬人法を用いる手法は、肉体による想像の時代において非常に実り多いものになり、そのなかでも、もっとも名高いのは、今日のわたしたちから見れば言うまでもなくスペンサーの『妖精の女王（Faerie Queene）』であり、当時の人々から見ると、プルデンティウスの衣鉢を継いで一五世紀から一六世紀にかけて盛んに創作された道徳寓意劇だろう。

だがわたしたちがいま注目したいのは、プルデンティウスがどのように貪欲を擬人化したか、彼女の戦いをどのように描いたか、ということだ。

物語の冒頭では、貪欲の前にまず贅沢が登場し、節制との戦いに敗れる。この最初の乱闘で色欲は逃げ出し、弓と毒矢を落としていく。

虚栄は衣装を脱いで裸になり、服は引きずられる。

誘惑の冠は引き裂かれ、不和の黄金の装飾品や宝石類は四方八方に散乱。快楽はいばらのなかを素足で逃げ、戦場には衣類や甲冑や武器や、激しい戦闘の痕をとどめる装備の類が打ち捨てられているのだった。

貪欲が登場するのはまさにそのときだ。

破壊の限りを尽くされた戦場で、放棄された品々や死者の装身具などを漁ろうというのだ。自分の服で間に合わせにこしらえた袋を左手に持ち、右手の「熊手のような」指で、戦闘の残骸をかき集めていく。

貪欲とともに戦場や遺骸を漁るのは、煩悩、空腹、恐怖、不安、偽証、畏怖、欺瞞、つくりごと、不眠、あさましさといった面々で、この卑しき一団にはさらに、プルデンティウスの言う「母なる貪欲の黒い乳で育った同腹の子どもら」である、あらゆる犯罪が加わっていく。すなわち、殺人に略奪、死肉漁り、所有欲などなど、数え切れないほどの「貪欲の子ら」が、「獰猛なオオカミのように戦場をうろつきまわる」のだ。

「悪徳という悪徳のなかでもこれほどに恐ろしいものはない」

なぜなら、

「貪欲は人の一生を災厄で包み込み、そこから逃れられるのは地獄の炎に投げ込まれたときだけだからだ」

これだけではあくどさが不十分だとでもいうかのように、貪欲は次に、ずっと清廉に神に仕えてきた司祭たちを堕落させようと試みる。貪欲にはあいにくなことだったが、最後の最後になって理性——プルデンティウス言うところの「レビの一族の守護者」——が現れ、ごく少数を除いて司祭のほとんどを救い出す。

こうして一時的に邪魔をされた貪欲は憤怒の塊となり、西洋文芸で一、二を争うほど激しい罵りの言葉を繰り出した。大演説が終わると、貪欲は、力ずくで奪えないものはだまし取ってやるとうそぶき、やり方を変えて高潔さを装いはじめた。

武器を捨て、衣装を替え、いたって質素にふるまって、「節約と呼ばれる美徳に」姿を変えた。

節約としての貪欲は、貪欲さや怒りを少なくとも表面上は抑え込み、「母親らしい気遣いのベール」をかぶって、がつがつと欲張って貯め込もうとするのも、時には人目を盗んでかすめとろうとするのも、これはすべて、子どもたちに与えたいという親心のなせるわざ、と言いぬけようとする。

彼女の影響力が及ぶところにいる人間たちはやがて貪欲の指図に従うようになり、貪欲のふるまいは悪徳ではなく美徳なのだと考えはじめた。こうして「能天気な犠牲者たちは嬉々として、悪の化身のもとにとらわれの身となっていった」のだった。

しばらくそれが続いたあと、善き働きがやってきて、とうとう貪欲を追放してしまう。あれほどの猛威が荒れ狂ったあととしてはいささかあっけない結末だ。ただ、こうしたいたって生々しい争いの描写のなかで重要なのは、『プシコマキア』が、貪欲が女性であること、悪の一味の母であること、その気になれば表向きは美徳に姿を変えられるというやっかいな能力を備えていることといった了解を民衆のレベルに植えつけた点だ。そして貪欲が実は背徳や変節の罪であり、見えざる霊界での人と神とのつながりのような危ういものよりも、人間の生々しい欲望を優先させようとする罪であることが、作品全体から伝わってくる。

ボスの描いた強欲

中世という長い歳月のあいだずっと、プルデンティウスの謳った貪欲が真実の姿と信じられてきたにもかかわらず、ルネサンスが訪れ宗教改革が進むと、西洋世界の想像力のあり方も変わっていった。ひとつのステージから次のステージへと移り変わる転換期に、前と後で隔絶された貪欲のイメージを言葉よりなお巧みにつないだ画家がふたりいた。くしくも同じ国の生まれであった。

オランダのヒエロニムス・ボス（一四五〇頃―一五一六）は、生涯を通じて罪に取りつかれていた（もちろんわたしたちは誰しもある意味一生罪に取りつかれるわけだが、彼の

ヒエロニムス・ボス　七つの大罪の連作より『貪欲』
片手で賄賂を受け取り、片手で訴えを起こした人に不利な裁定を下す判事が描かれている。
（マドリッド　プラド美術館所蔵）

場合はそうした個人的なものだけでなく、職業的な関心だった)。

ボスの画風が独特なものであったことを考えると、罪の絵は、少なくとも神学の観点からはほとんどがいたって正統派的なものだった。

罪を題材にした代表作は、スペインのフェリペ二世から依頼を受けて制作した『七つの大罪』で、現在もプラド美術館が所蔵している。切り分けたパイのような三角形の楔が七つ、円形に並べられ、その中心にはすべてを見通す神の目がある。楔のひとつひとつに、罪を犯している人間の行為が劇的に描かれているのだ。

貪欲にあたる絵は、片手で賄賂を受け取り、片手で訴えを起こした人に不利な裁定を下している判事で、いかにもありそうな構図である。だがボスが、この世の悲哀を絵に置き換えようとしたときに、貪欲をその中心に据えていたことが何よりもよく表されているのは、『干し草車』である。

これは三つ折り板に描かれた作品で、左のパネルには、天国から追い出される反抗的な天使たちと楽園から追放されるアダムとイヴが描かれ、右のパネルには、地獄が細部にい

ヒエロニムス・ボス 『干し草車』三つ折り画
中央パネルに描かれた干し草車には、富、殺人、欺瞞など、さまざまな罪が乗っている。
（制作1485～1490年頃マドリッド　プラド美術館所蔵）

たるまで丹念に描かれている。

中央のパネルは左右よりやや大きく、老若男女、太った人やせた人、健康そうな人不健康そうな人、さまざまな人々がエデンを背にして地獄へと向かう隊列が描かれている。

中央のパネルの行進でもっとも目立つのは巨大な干し草車だ。

車には美しくもおぞましいさまざまな罪たちが乗っている――富、派手な衣装、殺人、美しい装身具、欺瞞、歪曲などなど。

干し草車が進む風景はいたってのどかだが、その車輪は行く手にたたずむ大勢の男女を踏みしだいていく。

彼らは一様にものほしげな目で干し草車を見上げ、上に上がろうとむなしく干し草をつかもうとしている。

戦いの様子はいささかも描かれていないけれど、おおいに理性に訴えてくる。

また距離を置いて罪を描くという、それまでにない手法が用いられている。それがわたしたちに、あらたな展望をもたらしてくれるのだ。つまり、罪を考える上での、とりわけ貪欲を考える上でのより知的な手法の先駆けになっているといえるだろう。

ブリューゲルの描いた強欲

同じオランダのペーテル・ブリューゲル父（一五二五頃―一五六九）はボスのあとに現れ、やはり古い想像力と新しい想像力のはざまで活躍した画家だが、ボスよりもさらに劇的な効果を上げげた。

一五五六年、ボスの死後わずか四〇年でブリューゲルは貪欲を題材に二枚の絵を描いた。

一枚は七つの大罪を描いた連作の一部で、貪欲は威風堂々たる女王の姿で、ぎらぎらした表情を浮かべ、たっぷりしたスカートをはいてキメラの軍勢を率いている。あさましい鳥のくちばしをつけた人間の守護兵がひびわれた鉢から中身のあふれている金庫にさらに硬貨を継ぎ足している傍らで、いばらの生い茂るなか、はげ頭にカササギの目をした擬人化された悪鬼が、ぐったりと疲れ果てている。

ブリューゲルの作品なだけにありきたりな印象はまったく受けないが、かといって、ここではまだ西洋社会が貪欲を見る考え方に、旧時代との大きな断絶が差し迫っていることを予見させるような要素はあまりうかがえない。

一方、一五五七年に描かれた二枚目は、これとはまったく違っている。これは『小魚を喰う大魚』と題された彫版画で、チャールズ・ダーウィンの登場を予言するものだ。

実のところ、ダーウィンが最初に進化論の想を得たのは、この絵を見たことだった。

現代では忘れられがちだが、ダーウィン主義や一九世紀の学問が登場した原動力は、単に今日のわたしたちが考える科学的客観性だけではなかった。

一八世紀、啓蒙主義思想は慈愛深い神を信じることと、その神に創造された生きものが欠陥と穢れに満ちている現実とに折り合いをつけることに心血を注いだ。一九世紀科学は、その流れをも同様に受け継いでいたのである。ブリューゲル父が描いたのは、まさにその、生きもののあさましい姿だった。そこで一九世紀初頭の学問は、邪悪の根源を、伝

ペーテル・ブリューゲル父　『小魚を喰う大魚』
ダーウィンが最初に進化論の想を得たのは、この絵を見たことだったという。
（ウィーン　アルベルティーナ美術館所蔵）

郵便はがき

料金受取人払郵便

晴海支店承認

8954

差出有効期間
平成25年6月
9日まで

104 8782

905

東京都中央区築地7-4-4-201

築地書館 読書カード係 行

お名前	年齢	性別	男・女
ご住所 〒			
電話番号			
ご職業（お勤め先）			

購入申込書

このはがきは、当社書籍の注文書としてもお使いいただけます。

ご注文される書名	冊数

ご指定書店名　ご自宅への直送（発送料200円）をご希望の方は記入しないでください。

tel

読者カード

ご愛読ありがとうございます。本カードを小社の企画の参考にさせていただきたく存じます。ご感想は、匿名にて公表させていただく場合がございます。また、小社より新刊案内などを送らせていただくことがあります。個人情報につきましては、適切に管理し第三者への提供はいたしません。ご協力ありがとうございました。

ご購入された書籍をご記入ください。

本書を何で最初にお知りになりましたか？
□書店　□新聞・雑誌（　　　　）□テレビ・ラジオ（　　　　）
□インターネットの検索で（　　　　）□人から（口コミ・ネット）
□（　　　　）の書評を読んで　□その他（　　　　）

ご購入の動機（複数回答可）
□テーマに関心があった　□内容、構成が良さそうだった
□著者　□表紙が気に入った　□その他（　　　　）

今、いちばん関心のあることを教えてください。

最近、購入された書籍を教えてください。

本書のご感想、読みたいテーマ、今後の出版物へのご希望など

□総合図書目録（無料）の送付を希望する方はチェックして下さい。
＊新刊情報などが届くメールマガジンの申し込みは小社ホームページ（http://www.tsukiji-shokan.co.jp）にて

統的な、すなわち神学的な創世記からできるだけ遠ざけようとしたのだ。
絵である。

ブリューゲル父の予言的な作品というのは、浜に水あげされたとてつもなく大きな魚の絵である。あんまり大きいので、漁師のひとりは梯子《はしご》を使って背によじのぼり、もうひとりは自分の背よりも長いナイフで腹をさばいている。大きく開いた切り口からはおびただしい数の海の生物があふれだし、口からもたくさんの魚が流れ出している。口から流れ出ている魚のなかには、死の苦しみに喘いでさらに小さな魚を吐き出しているものもいる。

実におぞましい構図だが、そこには感傷のかけらも、神学的な教訓も感じられない。ただ事象をありのままに見た観察が解釈を交えずに描写してあるにすぎない。そしてそうした観察者である立場を、無言のうちに受け入れているかのようだ。

実際画面の端ではもうひとりの漁師が岸辺に座り、平然と小魚を竿につけ、魚を釣ろうとしている。そんな平静な態度が、実はプルデンティウスの戦乱の場面などよりわたしたちにはぴったりくると感じるのは、現代の客観主義に限りなく近づいているからだろう。

宗教改革

キリスト教の西洋社会にとって、宗教改革は、観察される物事のあり方と、なぜそうなっているかの理解とが、もっとも劇的に乖離《かいり》する出来事だった。

さまざまな改革のなかで、わたしたちはとりわけこの改革を大文字で「宗教改革」と呼び、一五一七年一〇月のある朝、ヴィッテンベルクの若き司祭が自分の教会の扉にあらたな世界観の教義を貼り出したときにはじまり、理性の時代の前夜に終わる一区切りの時代をなしているというのが暗黙の了解だ。

大文字の「改革」はある特定の時代のことだが、時代を再形成したり、あるいは改革しようとする小文字の「改革」の精神は、後半の四〇〇年プラスアルファを貫き、ひとつにくくってくれる時代精神だ。

新しい宗教を成熟させ、御しやすい形にしようと一五〇〇年にわたって努力してきた結果、一五〇〇年分の既得権益が積み上げられた。そして信者たちの関心は、この宗教を最初に提唱した天才よりも、信仰の形に、つまり実体により重きを置くようになっていた。

ヴィッテンベルクで何が死に、何が生まれたかはさまざまなレベルで異論があるが、もっとも核心の部分でも違いがある。死に絶えたのは山で、やってきたのは都会だ。前者は自分たちをシオンの山や万能の丘において考え、後者は街中の広場で思考する。宗教改革から二世紀たった一八世紀人としてものを書いたアレキサンダー・ポープは、いささか引用されすぎの感はあるが、あの時代の移り変わりをもっとも含蓄に富んだ言葉で要約してみせた。彼は、人間性《ヒューマニティ》のもっともすぐれた研究は、人間性そのものである、と言ったのだった。


「人道《ヒューマニティ》があらゆる主題の第一の義務である」という狭い通路を、プロテスタンティズムが潜り抜け、次にはその正当なる娘である資本主義がとおり抜けた。

精神と肉体の二元論も、形而上学の死も、心は「白紙状態」であるとする観念も、最初は宇宙を、やがて原子レベルやカオスまでも対象とする物理学と実験科学も、情報の民主化が進むのも、結局は消えてしまう文字が、画像などよりずっと辛辣な道具として優位に立っていくのも、政治的権威と社会的権威が誕生したのも、魂の個別性と、社会性を帯びながらも倫理的責任が個別化されていくのも、社会主義と共産主義も、哲学が力を増し、善を決断するのに合理性が求められ、そして高潔なる野人が理想化されるのも、人間の言動を観察し、監視する手段としての行動科学も。

こうして並べ挙げようと思えば無限に並べることができるし、並べようとする行為自体が無謀だ。なぜなら、ひとつひとつは名づけられた端からどんどん分裂して、いくつもの続篇を生み出すからだ。

ただここでの目的のために言うならば、改革によってもたらされた最大の変化は、巧みに身をよじらせ、つくられたイメージを媒介にして、拡散することなくわたしたちの共有する想像力にぴったりと入り込んだ。自律性をめざし、合理性が横溢する一八世紀後半から一九世紀にかけて、貪欲は次第に罪や堕落の問題として、想像されるのでなく理解されるようになっていった。貪欲を扱う上で、大きな違いだ。

実際に二〇世紀が終わるまでには心理学やその周辺の学問は、理論や分析の手法や治療の方法論ですっかり防備を固めた。それらはひとえに、人間の福祉を高めることに捧げられ、貪欲もそのほかのいわゆる大罪も悪徳も、独立して存在する邪悪であるというよりは、むしろ取りついているものだ、という仮定の上になりたっている。

罪の世俗化

ここでヘブライ・カレッジのソロモン・シメル教授の言葉を引用しよう。

「時代がかった神学と哲学の遺物は、(心理学によって)一掃された」

シメル教授は、人間の福祉がどういう方向に向かうのか、どこかしらいたずらっぽく分析しているが、現代の時代状況について論評しようとする人の多くが、教授の見解に同調するだろう。

邪悪が、生物として発達する途上で誕生した、あるいは心理的な作用の産物であるとするなら、人間は作用の犠牲者ということになる。そうなると、犠牲者特有の抑うつ感情や、無力感への怒りといった状態が生み出される。

そういう状況では、「いい気分」や、内面のバランスがとれるというのは、善なる状態として非常に魅力的かつ力強いものになる。だが、そうした内的基準というのは性質上個人的なものだから、それを善なるものとして目標にするならば、近づくにつれ孤立したものになる。

シメル教授はこれを「罪の世俗化」と呼んだが、人間にとって破壊的な結果をもたらす欠点は、神に依拠するもの、神が意図したものではなく、肉体的な因果関係であると考えられるようになり、この一世紀半、西洋の社会には世俗化という以上の影響が出た。

わたしたちは物事への敬愛の念を奪われ、さまざまな側面で精神的に苦闘するという活力と尊厳の源を奪われたのだ。つまり罪が世俗化することによって、人間は創造の担い手ではなく、単なる対象に堕ちたのだ。

さらに、わたしたちを希望と隔てている条件や原理が、不変で人間味のないものとなった。そうした状況から身を守ろうとすると、行き着くところは同情だ。

たしかにこの四〇年ほどのあいだ、アメリカの文化には同情が満ちあふれるようになった。しかし同情はしょせん「同じとらわれの身のうちは仲良くしよう」という心境の上に生まれるもので、愛ではない。展開していくもので練られるものではない。状況の産物であり、美質ではない。

だから、二一世紀の思想界が貪欲についてまず告白しなければならないのは、貪欲が多彩な歴史を経てきたと認めることはもとより、宗教的世界観を持っているかどうかに関係なく、貪欲について考えはじめたその瞬間から、論争が動き出してしまうということだ——意味を見出すのか、意味などないと考えるのか、そして論争に伴って、さまざまな価値や解説も生まれてくる。はじめに宗教を、意味をつなぎとめる索に喩えたけれども、そこからうかがえるように、貪欲の問題は必然的に宗教的な問題なのである——それがたとえ、非宗教主義という宗教であろうとも。

シメル教授をはじめ、宗教にかかわる仕事をしている人の多くは、「貪欲についての考え方をわかりやすい言葉にし、宗教教義に違和感を抱く現代人の心情を尊重しながらも、彼らに訴えていく」ことが、有神論宗教の使命であるとすら考えている。

シメル教授がこの言葉を書いたのは一〇年ほど前のことなので、つけ加えておこう。今日の有神論宗教は、ポストモダン社会の人間について、また、あらたな共同幻想と共有の物語を見つけるという困難な仕事が差し迫って求められているということに、さらに大きな関心を寄せなければならないだろう。この問題について、この論考では言葉ではなく画像を使って考えていくことにする。

倫理の問題となった強欲

ところで、何はともあれ宗教改革を生き延びた西洋キリスト教の各宗派は、教義のニュアンスで多少の違いこそあれ、原罪の教えを守り、貪欲をその主たる証拠と考える点では一致していた。理由はともあれ、罪はアダムが堕落したことによって人間にもたらされたものであり、以来人間は罪に対抗しようとして戦ってきたという教義は、旧態から脱して新たに生まれ変わった宗派にとって神学の根幹をなす部分だった。

だが宗教改革から一世紀を経ないうちに、トマス・ホッブス（一五八八―一六七九）が罪を定義するのは社会契約であると説き、さらに一世紀もしないうちに、ルソーや啓蒙主義者たちが原罪など到底信じがたいと言いはじめる。その過程で、貪欲に代表される罪は宗教だけの独占課題ではなくなり、西洋思想の主潮流のなかで、倫理上の問題となっていく。と同時に、保守的な思想体系では、倫理問題の延長としての宗教課題であり続けた。

頭で想像する時代の最初の一世紀ほどは、ブリューゲル以後、ジョン・ミルトンを例外として、貪欲の例として引き合いに出せるような「絵画」はあまり描かれなかった。

貪欲に対して傾けられるエネルギーは、精神的な戦いの領域から道義を知ることへと移っていた。その年月のあいだに貪欲は少しずつ、擬人化された罪ではなく、倫理の問題に変身していく。認識学的な、政治的な、経済的な、そして社会的な理論へと。

貪欲は、『プシコマキア』ではその名を節約と変え、新戦略として母親らしい気遣いを持ち出したように、ここでも、自由放任主義《レッセ・フェール》とか社会契約、国富論、自由交易、勤勉など、魅力的でとりすました名前を身につけ――実のところ、その状態は現在も続いている。その名前に触発される会話は、物質そのものとの距離感に比例して世俗の度合いを増し、名前のリストは再び果てることなく続いていく。

こうした図式は一七世紀や一八世紀という時代にはぴったりくるが、実のところごく薄い粥で、絵画というより戯画であり、長く続く教訓を含まない概説だ。

視覚化するとしても、地獄の業火を描いた絵画ではなく、貪欲はあたかも良識をにじませるちょっとした汚点にすぎないかのような漫画になる。のちの啓蒙主義やロマン主義の時代にはいっそう顕著になるのだが、貪欲な行為をする人間そのものを非難するのでなく、貪欲な行為にいたらせた状況に原因を求めようとする傾向が出てくる。

この傾向は、近代が近づくにつれ、英国文学に格好の例を見出せるようになる。

たとえばジョージ・エリオットの『サイラス・マーナー』は、技巧的でありながらも、ロマンチックで同情にあふれた作品で、レイヴェロー爺さんが爪に火をともすような吝嗇の暮らしをせざるを得ないのは、社会や宗教的な環境がもたらした悲劇であり、けっして本人の落ち度ではなく、爺さんがこの世の地獄から救われるのも、捨てられていた赤ん坊がたまたま持ち合わせていた美質のおかげだ。

同じ傾向の作品として、ディケンズは『クリスマス・キャロル』で、文学作品の登場人物というより訓話のパロディ画を文芸に置き換えたような人物を登場させている。スクルージはかなりデフォルメされてきたので、いまの子どもたちは人間ではなく、ドナルドダックの伯父さんのアヒルのスクルージのほうをよく知っているほどだ。

近代の到来をいつとするかは諸説あるが、わたしが思うにもっとも有力なのは一八八二年、スクルージの登場からわずか二五年後だ（訳註：『クリスマス・キャロル』は一八四三年刊なので、二五年は著者の勘違いと思われる）。この年、ニーチェが神は死んだと宣言した。もちろん神は死に、また死んでいない。

ニーチェが言った死とは、究極の完了を意味するようなものではない。死んだのは、西洋の知が絶対者を考える上での中心であるという命題に抵抗する保守的な思考だ。ニーチェにとって人間の理性はそれ自体絶対であり、究極の自由なのだ。ただ当然ながら彼の勝利は、肉を切らせて骨を断つようなものだった。

ニーチェはどうしても、命そのものから自分の喜びを捨て去ることができなかったのだ。そしてついに認めざるを得なくなる――絶対的存在としての命そのものを。この不粋きわまりない結論に対処する唯一の方法が永劫回帰であり、そこに力を行使することだった。

三つの暴力――強欲、嫉妬、憎悪

力を行使するには、三つのもの――貪欲、嫉妬、憎悪、三つの暴力といってもいい――がこの順に必要になる。はじめは人間の魂の戦いの敵方にいた貪欲が、次には福祉を求める試練のひとつとなり、ついには人間性を完成させる道具になったわけだ。

ニーチェは、将来社会は自分をあれこれ評価するだろうが、フリードリヒ・ニーチェは比類なき危機の時代にあって、とてつもない役割を果たしたといわれることは間違いない、とも言っている。彼の予見は正しかった。

ニーチェ以後の一一〇年間は、荒々しく、無秩序に力（権力）を追い求める時代だった。発電機がモーターを回すように、貪欲という力が、力（権力）のゴールを維持する原動力になった。わたしたちの時代がはじまったのだ。アダム・スミスからアイン・ランド、そしてアーサー・アンダーセンへと続く軌道がつながった。

近代というあらたな時代は、たしかに力を希求する営みの周囲に形づくられていった。だが力を希求することを説いた精神は、ついに自分が自由であることを発見する一方、みずからの不十分さを探求する自由をも持ち合わせていることに、ほどなく気づいた。

人生はそれでも続くと考えたニーチェも正しかったが、人生が続くのならば、そこには意味がなければならないと考えたキルケゴールもまた正しかった。新しい神が生まれようとしていたのだ。あるいは、実存的神を思い浮かべるための画像を必要とする、あらたな想像力が。

かつて西洋文化では想像力を画像に映してさまざまな意味を投影していたので、近代に入ってもやはり、画像こそ想像力を反映させるすべとなった。

アンソールの描いた強欲

ベルギーの画家アンソールは、近代の最初の二〇年、つまり一九世紀最後の二〇年間で彼の傑作のほとんどを仕上げている。古い道を出て新しい進路へ行かねばならないという時代のなかで、アンソールはボスやブリューゲルを手本に、一風変わった力強い風景や画像というフランドル派の伝統に立ち返った。

美術史的には、アンソールの手法はシュールレアリスムの扉を開き、容貌をゆがめることで美と力の恐怖を同時に表現できるようになった。だがわたしたちは、アンソールが新しい絵画の言語を見出そうと苦闘するなかで、七つの大罪に回帰したことに、特に興味を引かれる。

アンソールは七つの大罪を怪奇なものとして描いた。それは時代に先駆けるというよりは、むしろ彼が師と仰いだ画家たちの手法をなぞるかにも見える。だがアンソールは、描くことで七つの大罪を、しかるべき芸術や文学のコンテクストに呼び戻したのだった。

アンソールが描いた貪欲は恐ろしくやせこけて、勘定机に座っている。机にはギリシャ・ローマ風のハーピーが止まり、いまにも貪欲を苛んでやろうという風情だ。背後には別の生きものがいて、金を勘定している骸骨の首に斧を突きつけ、一方恐ろしげな小人が横からナイフで休みなく突いている。ボスの描いた像と大きな違いはない。けれどもアンソールの描いた罪の絵は、十分に影響力を持ち、かつ先駆的なものだった。

罪や貪欲をかつて描かれていた場所に呼び戻したアンソールが、これを新しい世紀の視覚芸術にふさわしい画題であると考えていたのは間違いない。ただアンソールの手法は単に回帰的なだけではなく、疑似中世風、ないし新中世風を思わせる。

強欲をいかに解釈するか

二〇世紀に入り、罪のみならず宗教全般を、そうした中世趣味でとらえる風潮が出てくる。この点ですぐ思い出されるのは、オットー・ディクスだろう。

彼は複数の画材を併用し、けばけばしく、力強く、七つの罪を描いてナチスの信義を痛烈に批判した。ヒトラーを嫉妬に見立てる一方、貪欲は支配者の罪として表現されている。

貪欲は自分以外の誰かの罪、圧政者の罪、とする当時の人々の意識を映したものだ。

近代に入ってあらたに出現し、一気に人気を博した視覚メディア、映画のなかでも、貪欲をいかに解釈するかということが、何十年ものあいだ変わらずに主要なテーマの座を誇っている。

なかでも、歴史家からも映画愛好家からも古典的傑作とたたえられているのが、フランク・ノリスの小説『死の谷——マクティーグ』（一八九九）をエリッヒ・フォン・シュト

オットー・ディクス 『七つの大罪』
四つん這いの老婆が「貪欲」、その背に乗っているのが「嫉妬」、骸骨の服を身にまとっているのが「怠惰」、角の生えた悪魔が「憤怒」、豊かな胸を強調し踊っているのが「色欲」、巨大な頭に肛門のような口を持つのが「傲慢」、右端のいちばん上でなべをかぶっているのが「暴食」である。
(シュトゥットガルト州立美術館所蔵)

ロハイムが一九二三年に映画化した『グリード』だ。

ゴードン・ゲッコー監督の一九八七年の作品『ウォール街』も、おおむね同じように貪欲を解釈しているといえるだろう。やがてわたしたちの曽曽曽孫たちは、『グリード』や『ウォール街』を観て、わたしたちの世代を理解するのだ。

これを観て彼らは、欲望に負けて犯罪者となった市民の記録と思うかもしれないが、まず罪びとの記録とは考えないだろう。公的資金を大企業に投入し、それで市場を活性化させようとするトリクルダウン理論による経済の時代にあって、わたしたちひとりひとりも、国が何らかの権利を侵しているなどとは気づいていなかった。わたしたち自身も経済の波乗りを存分に楽しんでいたのだ――二〇〇一年の秋までは。まったく、何たる波乗りだったことか。

途方もない富豪を言い表すために「億万長者」という言葉があるが、貨幣価値が違えば比較にならない。変動分を補うために、ＧＤＰ（国内総生産）という指標が利用される。ある特定の年代の個人資産は、そのときのＧＤＰを指標に評価できる。

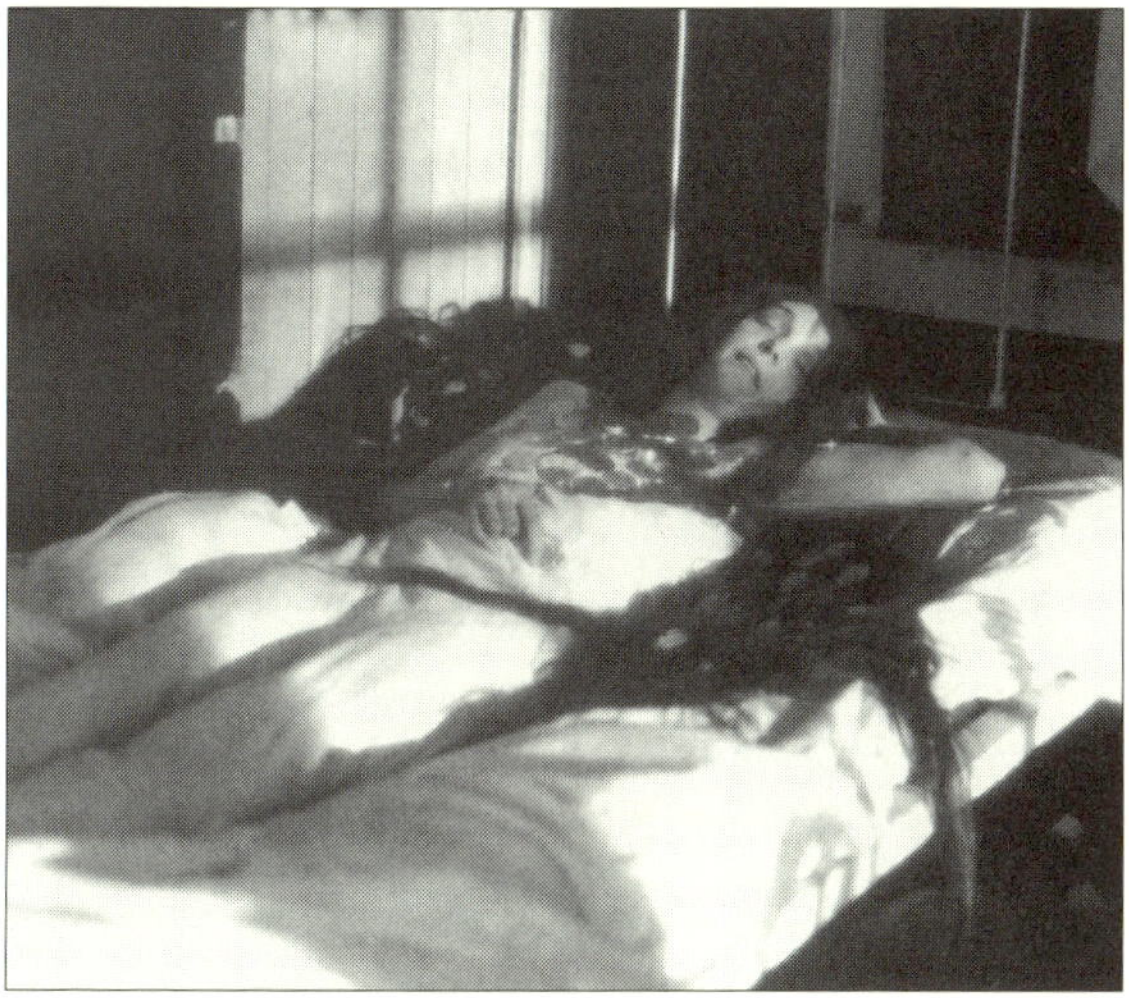

映画　『グリード』より
金を抱いて眠る女優ザス・ピッツ。善良で貞淑だったはずの彼女は、金の魔力に囚われていく。
（Everett Collectionの厚意による）

現代社会の芸術表現手段

ここでふたつの「絵」を紹介しよう。

「絵」とは思えないかもしれないが、十分に絵画的だ。なぜならこれは経済の領域からとってきた数字で、経済こそ現代社会の芸術表現手段だからだ。

最初の「絵」は一九九八年における一〇億ドルの価値である。これはアメリカ人労働者二万人の生涯生産高に相当する。つまり億万長者は一〇億ドル蓄えるたびに、二万人の同胞がゆりかごから墓場までかけて生産したすべてをひとりで吸収することになる。

次なる「絵」をお見せしよう。一九八二年、欧米社会が大恐慌から立ち直り、加えて三度もの大きな戦争を潜り抜けたあとのアメリカ合衆国には、二三人の億万長者がいた。一四年後の一九九六年、億万長者の数は五倍以上に膨れ上がっていた。一三二人になったのだ。ゴードン・ゲッコーが作品をつくった時期はこの一四年のなかに入る。

映画を観た人は、マイケル・ダグラスの演技が事実を誇張していると考えたかもしれないが、そうではない。一般市民も共謀者なのだ。わたしたちも、マーサ・スチュワートやバーニー・エバーズやジャック・ウェルチやＮＢＡの選手たちと変わりない。わたしたちの多くは彼らとは違っているけれども、それは富と欲望の規模が違うだけで、意識に隔たりはないのだ。

だがアメリカにいるわたしたちの手が幻の紙幣――その一枚一枚を手にするたびに、わたしたちは皮肉にも「神を信じる」なる標語を目にすることになる――を数えるのに忙しくしているあいだにも、西洋社会の頭脳が想像した宗教は崩壊しようとしている。ちょうど四〇〇年ほど前、体が想像した宗教が崩壊したように。

神聖なる制度の口をふさぎ、息の根をとめようとしているのは、今度もやはり政治的貪欲の圧迫だ。加えて無能のあまり定説以外の聖書の解釈を認めることができない者たち、そして欲に目がくらんだ聖職者たち、さらには、どこにでも出没して宗教を食いものにしようとする者たち。

聖物売買というのはもともとはローマ時代の用語だが、現代のわたしたちにはチョーサーの免罪符売りよりも伝道者、特にテレビ伝道者たちにぴったりあてはまる言葉だ。良心の呵責なく人を一杯喰わせ、嘲笑ってやろうとする聖物売買屋をたびたび目にしてしまうと、そのうちに彼らだけでなく、その背後にある思想、つまり宗教そのものまでが腐敗し、哀れを催すもののように語られるようになっていくのが大きな問題だ。

こうして見てくると、宗教改革を招いた症状と原因は、現在のわたしたちが経験している症状と原因と、中身の上では大差なく、むしろ表面的な違いが主だ。

宗教改革では、「すべての信者のための聖職者」がモットーだった。「わたしは聖なるものを信じるけれど、宗教は信じない」という現代のわたしたちのモットーとそっくりではないか。実のところこれは、「わたしは人間だけれど肉と骨でできてはいない」というのと同じようなものなのだが。

それはともかく、この三〇年ほど流行ってきた「聖なるものを信じるけれど宗教は信じない」態度は、二〇〇一年に世界貿易センタービルが爆破されたあとの数カ月で、転換点を迎えているのではないかとわたしは感じている。

こんなことを言うのは無神経で政治的配慮が足りないかもしれない。けれども、9・11は貪欲のなせるわざとその結果であり、あらたな生き方を一般のレベルで計り知れないほど加速させた。そしてわたしが大きな勘違いをしていない限り、9・11という日付はやがて、ルターがヴィッテンベルクの教会の扉にハンマーを打ちつけたその日と同じ位置づけで、歴史の年表に書き込まれることになるだろう。

では、この新しい時代を何と呼んだらいいだろう。新しい時代が来ているかもしれないと薄々気づいていたのは、ほんの四半世紀ほどだが、実はすでにこの時代は、その四倍もの時間を過ごしていたのかもしれない。

この時代をどう定義づけたらいいのだろうか。

どう登録し、この時代における罪を——貪欲とその子どもたちを——どう位置づけたらいいのだろうか。

では、最後のイメージを。

エピローグ

ドニゼッティの描いた強欲

イタリアの偉大なる写実主義者にして博物学者のマリオ・ドニゼッティは、わたしたちの時代のレオナルド・ダ・ヴィンチとして記憶に残るだろう。

新しい想像力を働かせるときには常に、先達が立っていた場所に立ち返らなければならないことを、ドニゼッティは現代西洋の芸術家のなかでもとりわけ深く理解している。

過去を破壊するのは沈黙を生むだけだというドニゼッティは、過去にあったもののなかで抜きんでて残っているものへの敬意がなければならないと教えている。

ドニゼッティにとって、貪欲を描いて抜きんでて残っているのはダンテで、彼は三〇年ほど前からダンテに取り組みはじめた。生きている画家は、死せる詩人に西洋思想のさまざまな側面で知的な親近感を抱いていたが、一五年か二〇年ほど前、ドニゼッティが自分の傑作を生み出す源泉となるとインスピレーションを得たのは、ダンテの描いた七つの大罪だった。

作品を仕上げるために罪について調べ、吸収していくにつれ、ドニゼッティはまったく新しい時代の息吹のなかに七つの大罪を表現するためには、どんな色や風合いが必要になるか、強迫観念に取りつかれたように考えはじめる。

意味論的観点からは、明るさといい透明度といい、パステルが最良だったが、パステルという画材は褪せやすく薄れてしまうという欠点がある。

彼は何年もかけて画法を追究し、新しい彩色法を生み出した。

二〇世紀最後の一〇年間で、ドニゼッティはとうとう伝統的な構造と手順に改良を加えたパステル画法を完成させた。

ひとつ目の改良点は、紙のかわりに板に張りつけたキャンバスを使うことで、細かく砕いたカララ地方の大理石をにかわで下塗りしておく。もうひとつの改良点は、顔料を塗ったあとのキャンバスに、パステルとキャンバスとにかわと大理石が混然一体となるまで蒸気を当てることだ。こうなると色素が密着するので、なんどうわぐすりをかけても、ワックスをかけても、あるいは新たな顔料を上塗りしても、「最良の卵テンペラ画にだけ見られる透明感と濃淡」が持続するのだ。

ドニゼッティの『七つの大罪』は七枚のパネルからなる組作品だ。パネルの四枚は水平に並び、三枚は上下に並んでいる。複製が展示されるときには、上に二枚、下に二枚並んだあいだに三枚が縦に並べられる。縦に並んだ三枚のうち、貪欲は真ん中の位置にあるので、アサンブラージュの中央にくることになるが、これこそ彼女の伝統的な定位置だ。

ドニゼッティの貪欲を見ると、いささか戸惑いをおぼえる。「他者」を見ているような距離感や間合いがないからだ。セクシーに乱れ、ウェーヴした短い髪も、大きな茶色い瞳も、わたしたちそのものだ。何も言わずともわたしたちには、その目が何を感じ取っているかがわかる。わたしたちも、わたしたちの大切な人たちも、同じ目をしているからだ。彼女の髪にふれるとどんな感触か、わたしたちの指は知っている。彼女の目に浮かぶ深い理解の表情を、わたしたちの目もまた見ている。

見る者の意識を逸らしたり、何らかの解釈を促したりするような衣装も手管もなにもない。彼女は裸で、乳房は描かれているが局所は見えない。

しっかり口を締めた膨らんだ布袋にまたがり、もうひとつの小さめの袋を悲しげな若々しい顔に近づけて、まるで枕にして休もうとしているかのようだ。彼女も袋も、大理石の低い台に乗っている。

彼女ひとりやっと乗れるくらいの狭い台で、周辺には彼女を引きずり降ろそうとした貧者たちが、骨になって転がっている。狭い台の上で袋にまたがり、ちぢこまった悲しげな美女なのに、それでも貧者たちは引きずり下ろすことができなかったのだ。背後は実際の風景を思わせるものではなく、どことも知れない暗闇だ。ただその暗闇は光を放ち、わたしたちが祈りや瞑想にふけっているときの心象風景だとわかる。
これがドニゼッティの貪欲だ。長い時を経て、ようやく等身大の彼女自身になろうとしている。存在することが苦痛そのもののような彼女は、柱頭がとれ、倒れかけた柱のように、悲しげに、いつまでも立ち尽くす。小石を敷き詰めた野原の縁、いまにも森の緑に飲み込まれそうな場所に。見ているだけで胸が痛む。

第2章のはじめでわたしは、歴史の長いレンズをとおして見ることで、早まった判断に引きずられず、同時に辟易する気分が和らげられるだろうと述べた。たしかにそのとおりだといま痛感している。この二〇〇〇年を振り返ってみると、道の曲がり角に差し掛かるたび、ものの見方が変わるたび、関心の方向性が変わるたび、わたしたちを時には鞭で追いたて、時には脅し、時には甘言で丸めこみ、時にはだましてこの場所まで連れてきたのが、貪欲とその子どもたちだったからだ——この場所、ドニゼッティの描いたこの場所では、魂の戦いのあとの煙も大胆なたくらみの色使いも消え、ただ神聖な魂だけが死に直面して優美に震えながらわたしたちにその真の姿をさらしている。

預言者イザヤの口を借り、神は言われた。

「我は神なり。神は唯一我のみ。我は光を創り、闇を創った。我は平和を創り、悪を創った。これらすべてを為したのは神である我なり」

わたしには身に余る言葉だ。けれどもドニゼッティが描いてくれたとき、わたしは理解したのだった。きたるべき新しい時代を表す言葉はまだ見つからないけれども、この本をひもとく人たちにとっては、その謎こそが次なる想像力を生み出すのだ、と。

神よ、そのときどうかわたしたち人間が、完全なものになりますように。

エッセイ　神は「貪欲」のみを残された

井出洋一郎（美術評論家）

「貪欲」（ラテン語 Avaritia）は七つの大罪では「傲慢」に次いで二番目の悪徳に位し、さまざまな犯罪がそこから派生する。

「…ルビコン川は渡られてしまったのだ。貪欲が私の手元に残るのは、宿命なのだ」

（本書三二ページ）

ここでティックルがさんざん逡巡した末に最後に「宿命」とまで言って諦めている理由は、著名なキリスト教学者、ジャーナリストとして学界やマスコミ、出版界で絶大な人気を誇る彼女の仕える「唯一神」が下した命令、あるいは天罰だからかもしれない。

本書を読めばティックルにとって、たしかに「貪欲」は本質的かつ運命的な課題であったことがわかる。もっとも彼女の望んだ通り、誰でも心当たりのある「色欲」か「暴食」の方が話は早い。これを書いている私も同感だが、あいにく本書が最終巻であった。いずれにしろ、本書によって「唯一神」に未だ慣れない日本人の貪欲像は現在どこにあるのかを考えてみたくなった。

じつはその辺を、つい先日美術館の仕事で面会した畏友中沢新一（すでに本書シリーズ『チベット仏教が教える怒りの手放し方』の巻末エッセイを執筆）に相談して、あわよくばお知恵を拝借しようとしたのだが、他の話題で談論風発、時間もなくなりやめにした。最近、原発問題にも発言する彼の貪欲論は別の機会に伺うことにして、せっかくティックルが美術作品から分析してくれた「貪欲」（Avarice, Greed）のイメージの変遷を、私なりに美術史サイドから補足してみたい。

ティックルのように中世の「プシコマキア（美徳と悪徳との戦い）」から一六世紀のボス『干し草車』やブリューゲルの版画に入るのはまず常道といえよう。

ただし『干し草車』についてはまず中央の「干し草」自体に「豊かな収穫＝豊穣」の寓意があることを強調したい。その餌に取り付いたさまざまな欲望や罪悪を得意の人間風刺で描くのがボスの真骨頂となる。その他好色や怠惰や大食や怒りの人々、左の皇帝や教皇までもが傲慢の意味を持ち、中央パネル全体が「貪欲」で綜合されるオンパレードであって、その点プラド美術館の「快楽の園」と構成上同じで、それを若干年先駆けた形式であろう。

ブリューゲルの七つの大罪連作版画の『貪欲』について、ティックルは革新的でないと評価が低いが、細かく見ると一六世紀半ばに最も栄えた金融都市アントワープのバブル経済ぶりと市民の金銭欲が見えてきて面白い。この「貪欲」の女王そのものが当時の「女衒」「遣り手婆」との説もある。彼女の金庫に金を注ぐ、ティックルの言う「くちばしをつけた人間の守護兵」は、明らかに修道士の服を着ている。「売春」と「聖職ビジネス」とが結託した例と読むべきだろう。

同じくブリューゲルの『小魚を喰う大魚』では、本書では図版にウィーンにある一五五六年の自筆素描を掲載している。しかし翌年刊の版画では発行人のH・コックが営業的な理由で「創案者ヒエロニムス・ボス」と銘を入れており、そこにブリューゲルの名は無い。実際に、この大魚のイメージはブリューゲルの半世紀前から、ボスの「聖アントニウスの幻想」などに描かれている比較的古いタイプなので、ティックルのように「現代の客観主義」と持ち上げることには私などにはためらいを感じる。とはいえ、ブリューゲルの冷酷な写実と風刺が効いたイメージには変わりがない。

ティックルの図像解釈にはこのように荒っぽいところが多いが、何よりも一七、一八世紀は絵画よりも漫画の時代と切って捨て、一九世紀末のアンソールまで端折ってしまうのは急ぎ過ぎではないか？　一八世紀にはすでに人口に膾炙したチェザーレ・リパの古典図像集『イコノロギア』のロココ版が出版されており（一七五八―六〇年、J. G. Hertel 編、アウグスブルグ版）、Doverのペーパーバックで読めるので、その「貪欲」の擬人像の解釈を聞きたかったところである。

ベルギーの世紀末画家アンソールの、七つの大罪シリーズ（一九〇四年、エッチングに彩色）は図版にはないが、以前日本での回顧展で見たことがある。ティックルによれば「疑似中世風、ないし新中世風」のようだが、私からするとアンソールの版画はゴヤやドーミエのリトグラフから生まれた表現主義であり、一九世紀の文脈で理解した方がよい。しかし一九〇四年という制作年代を考えればその版画が「七つの大罪を、しかるべき芸術や文学のコンテキストに呼び戻した」ことは確かであろう。オットー・ディックスの図版にある素描についてはまさに中世趣味そのものである。

貪欲像としてティックルは、賢明にも最後に現代イタリアの画家マリオ・ドニゼッティのパステル画連作『七つの大罪』を挙げた。画像はホームページで公開されている。

(http：//www.arsmedia.net/donizetti-vizicapitali/home-it.htm)

七枚の大パネルの中央に位置する「貪欲」はまさにティックルの描写する通り、痩せた裸の女でしかない。しかし彼女は「わたしたちそのもの」であり、「長い時を経て、ようやく等身大の彼女自身になろうとしている」。ティックルの共感は太平洋とジェンダーを超えて日本の美術評論家にも伝播したのである。

二〇〇〇年の人類の歴史に「貪欲」は優しく冷たく熱く寄り添い、9・11も3・11もその犯人扱いをされながら、ティックルの言う「節約」つまり今時の我々にとって「節電」のように、姿を自在に変えて生き残っている。日本人にとってそのイメージは、猿や虎や蛇を組み合わせた合成獣「鵺《ぬえ》」のようなものかもしれない。

著者紹介

フィリス・A・ティックル

Phyllis A. Tickle

PBS 公共放送サービスの『週刊　宗教と倫理ニュース』や
ホールマーク・チャンネル、
ナショナル・パブリック・ラジオなどにたびたび出演。
3 巻からなる『天与の時間（The Divine Hours）』や、
定時の祈りの手順をまとめた最新作の
『記憶に残る恩寵（The Graces We Remember）』など、
多数の著書がある。
1991 年から 1996 年まで、パブリッシャーズ・ウィークリー誌の
編集者として宗教部門を担当し、
その後はフリーの立場で寄稿、編集に携わっている。
テネシー州ミリントン在住。

訳者紹介

屋代　通子

やしろ　みちこ

1962 年兵庫県西宮市生まれ。横浜育ち。
大学で国語学を学んだ後、出版社で翻訳校正業務に携わり、
翻訳の道に入る。
現在は札幌市在住。
主な訳書に『シャーマンの弟子になった民族植物学者の話』上・下、
『オックスフォード・サイエンス・ガイド』（以上築地書館）、
『子ども保護のためのワーキング・トゥギャザー』（共訳・医学書院）、
『マリア・シビラ・メーリアン』（みすず書房）
などがある。

強欲の宗教史

2011年9月1日　初版発行

著者	フィリス・A・ティックル
訳者	屋代通子
発行者	土井二郎
発行所	築地書館株式会社
	〒104-0045
	東京都中央区築地7-4-4-201
	TEL 03-3542-3731　FAX 03-3541-5799
	http://www.tsukiji-shokan.co.jp/
	振替　00110-5-19057
印刷・製本	シナノ印刷株式会社
装丁	今東淳雄（maro design）

　ISBN 978-4-8067-1429-3 C0098